BEI GRIN MACHT SICH IHR
WISSEN BEZAHLT

- Wir veröffentlichen Ihre Hausarbeit,
  Bachelor- und Masterarbeit

- Ihr eigenes eBook und Buch -
  weltweit in allen wichtigen Shops

- Verdienen Sie an jedem Verkauf

Jetzt bei www.GRIN.com hochladen
und kostenlos publizieren

Bibliografische Information der Deutschen Nationalbibliothek:

Die Deutsche Bibliothek verzeichnet diese Publikation in der Deutschen National-
bibliografie; detaillierte bibliografische Daten sind im Internet über http://dnb.d-
nb.de/ abrufbar.

Impressum:

Copyright © 2018 GRIN Verlag
Druck und Bindung: Books on Demand GmbH, Norderstedt Germany
ISBN: 9783668815483

Dieses Buch bei GRIN:

https://www.grin.com/document/442855

Marina Österreich

Systemische Sozialarbeit (Prüfungsportfolio)

GRIN Verlag

GRIN - Your knowledge has value

Der GRIN Verlag publiziert seit 1998 wissenschaftliche Arbeiten von Studenten, Hochschullehrern und anderen Akademikern als eBook und gedrucktes Buch. Die Verlagswebsite www.grin.com ist die ideale Plattform zur Veröffentlichung von Hausarbeiten, Abschlussarbeiten, wissenschaftlichen Aufsätzen, Dissertationen und Fachbüchern.

Besuchen Sie uns im Internet:

http://www.grin.com/

http://www.facebook.com/grincom

http://www.twitter.com/grin_com

Inhaltsverzeichnis

Prüfungsportfolio

1. Pflichtteil A -Lerntagebuch

1.1 Veranstaltung vom 15.03.2018: „exploratives Visualisieren"

<u>Was habe ich gelernt?</u>

In der ersten Veranstaltung zur systemischen Sozialen Arbeit, lernte ich einige Methoden des explorativen Visualisierens sowie deren Funktionen kennen. Neu war für mich die Methode, bei der eine Person ein Symbol zu einer anderen Person zeichnet. Das Symbol soll dabei etwas über das Gegenüber aussagen oder beispielsweise eine bestimmte Charaktereigenschaft zum Ausdruck bringen. Diese Übung hat verschiedene Wirkungen. Zum einen bringt sich der Zeichnende in eine bestimmte Lage; er wird aufmerksamer im Hinblick auf sein Gegenüber. Die andere Person wird dazu eingeladen seine Perspektive auf sich selbst zu ändern, indem er merkt wie er selbst von seinen Mitmenschen gesehen wird. Dies regt zum Nachdenken über das eigene Verhalten an und kann somit die Selbstreflexion fördern. Ein Vorteil solcher Übungen ist, dass sie länger im Gedächtnis bleiben, weil nicht nur darüber gesprochen wird, sondern etwas aktiv getan wird. Gleichzeitig entsteht ein Ergebnis, welches man sich später immer wieder anschauen kann um die Situation in Erinnerung zu rufen. Wichtig ist der anschließende gemeinsame Dialog über die Zeichnung. Ich habe weiterhin gelernt, dass wir keinen Einfluss darauf haben wie das, was wir unserem Gegenüber sagen bei ihm ankommt. Grund hierfür ist, dass alles Gesagte oder Gehörte durch einen Filter läuft und auf diesem basierend verarbeitet wird. Daraus schließe ich, dass ich nur Verantwortung dafür was ich sage übernehmen kann, nicht für das was mein Gegenüber daraus macht bzw. für seine Reaktion darauf. Das heißt, dass das gezeichnete Symbol also auchetwas über den Zeichnenden und seine gefilterte Wahrnehmung aussagt.

<u>Wo kann ich es in meiner künftigen Praxis als Sozialarbeiterin mit welchem Gewinn anwenden?</u>

Ein Verständnisüber Kommunikation aus systemischer Sicht kann in jedem Setting der Sozialen Arbeit hilfreich sein, da immer kommuniziert wird – egal ob im Gruppen- oder Einzelsetting. Aus der Tatsache, dass ich nicht steuern kann was der Andere aus meinen Aussagen macht schlussfolgere ich für die Praxis, dass der Klient nicht kontrollierbar ist. Erst durch diese Annahme wird die Selbstbefähigung des Klienten möglich und seine Autonomie geschätzt. Diese Einsicht lässt sich mit jeder Zielgruppe gewinnbringend anwenden. Außerdem schlussfolgere ich, dass genaue und konkrete Aussagen um so wichtiger für eine gelungene Kommunikation sind. Beispiel: Berater äußert den Wunsch, dass der Klient pünktlich zum nächsten Treffen erscheinen soll. Diese Aussage läuft durch einen Filter. Es kommt darauf an welches Verständnis der Klient von Pünktlichkeit hat und wie seine Ansichten konstruiert sind. Es kann also sein, dass er der Auffassung ist immer noch pünktlich zu sein, wenn er eine halbe Stunde später kommt. Der Berater kann nicht erzwingen, dass der Klient nach seinem Verständnis pünktlich kommt. Er kann dies aber bspw. deutlicher kommunizieren indem eine konkrete Uhrzeit vereinbart wird.

Was hätte in der Sitzung ggf. anders laufen können, damit ich noch mehr hätte profitieren können?

Rückblickend hätte mir persönlich eine andere Sitzordnung während dem theoretischen Input dabei geholfen konzentrierter zu sein bzw. nützlichere Notizen zu machen. Eventuell würde ich von einem Wechsel zwischen der klassischen „Frontalunterricht" Sitzordnung und Stuhlkreis für die praktischen Übungen profitieren. (Vorausgesetzt die Raumgröße lässt dies zu)

Was habe ich über mich selbst Neues erfahren?

Ich habe über mich erfahren, dass es mir leichter fällt unerwünschte Reaktionen meiner Kommunikationspartner beispielsweise auf Aussagen oder Vereinbarungen nicht zu persönlich zu nehmen, wenn ich im Hinterkopf behalte, dass diese Reaktion nicht unbedingt nur mit mir, sondern auch etwas mit meinem Gegenüber zu tun hat.

1.2 Veranstaltung vom 22.03.2018: „Konstruktivismus"

Was habe ich gelernt?

Konstruktivismus meint, dass wir Menschen die Welt nicht so wahrnehmen wie sie ist – wir haben lediglich ein Konstrukt von der Welt und keinen objektiven Blick auf sie. Wir erkennen also, dass was wir subjektiv wahrnehmen und interpretieren das Wahrgenommene basierend auf den gemachten Vorerfahrungen. Ich habe verstanden, dass unsere wahrgenommene Wirklichkeit nur ein kleiner Ausschnitt vom Ganzen ist und die objektive Realität - dem Konstruktivismus nach- für uns nie vollständig erkennbar ist. Wir reagieren also auf unsere Umwelt so wie wir unsere Wirklichkeit konstruiert haben. Folglich nimmt jeder Mensch die Welt auch anders wahr. Ich habe gelernt, dass jeder Mensch seine Welt so konstruiert wie er sie konstruiert, weil diese so für ihn funktioniert. Unser Konstrukt von der Welt kann sich durchaus verändern, je nach dem worauf wir unseren Fokus legen und welche Dinge im Mittelpunkt stehen. Wirklichkeiten sind also dynamisch und entstehen zirkulär durch Interaktion.

Für eine gelingende Kommunikation versuchen wir unsere Wirklichkeit mit anderen Wirklichkeiten abzugleichen, um uns auf „den kleinsten gemeinsamen Nenner" bzw. eine konsensuale Wirklichkeit zu einigen.

Wo kann ich es in meiner künftigen Praxis als Sozialarbeiterin mit welchem Gewinn anwenden?

Durch Hintergrundwissen zu dem Konstruktivismus lässt sich übertragen, dass Bündnispartner*innen eigene Konstrukte haben, welche eine gewisse Funktion für sie erfüllen, da sie sinnvoll für sie waren oder sind. Der Berater hat wiederum eigene Konstrukte, die für ihn sinnvoll scheinen. Die verschiedenen konstruierten Wirklichkeiten beeinflussen das Denken und Handeln dieser Menschen. Dieses Wissen kann dabei helfen einen Zugang zu „schwierig wirkenden Klient*innen" zu bekommen. Aus den oben genannten Erkenntnissen leite ich für meine spätere Praxis aber auch ab, dass ich nicht davon ausgehen kann, dass Bündnispartner*innen eine anders konstruierte Wirklichkeit haben als ich sie habe. Deshalb ist es beispielsweise in einer Beratungsstelle wichtig, dass ich Hintergründe bzw. die Bedeutung von Situationsschilderungen der Bündnispartner*innen erfrage. So besteht ein geringeres Risiko, dass ich als Beraterin ein mögliches Problem -basierend auf meinen Vorerfahrungen- konstruiere.

Was hätte in der Sitzung ggf. anders laufen können, damit ich noch mehr hätte profitieren können?

Diese Veranstaltung hat mir dabei geholfen Konstruktivismus etwas greifbarer zu machen und bezüglich einer professionellen Haltung auf die sozialarbeiterische Praxis zu übertragen. Noch mehr hätte ich profitieren können, wenn ich konkrete Beispiele aus Praxiserfahrungen anderer gehört hätte. Vor allem würde es mich interessieren wie genau praktisch gehandelt werden kann um Konstrukte möglicherweise nützlich zu verändern. Dies stelle ich mir nach wie vor schwierig vor, wenn davon ausgegangen wird, dass diese Konstrukte sich bewährt haben und eine Funktion erfüllen.

Wie habe ich mein (neues) Wissen vertieft?

Ich versuche meine Erkenntnisse in meinen Alltag zu übertragen, indem ich meine Kommunikationspartner*innen öfter bewusst nach dem Hintergrund ihrer Aussagen befrage – auch wenn ich im Vorfeld davon ausgehe, ihre Äußerungen zu verstehen. Das Ergebnis ist häufig, dass ich diese Personen dann aus einer anderen Perspektive sehe und sich tiefgründigere

Gespräche entwickeln.Außerdem habe ich Kleves Beitrag „Vom Erweitern der Möglichkeiten"
gelesen um den Konstruktivismus enger mit Sozialarbeit in Beziehung setzen zu können.
Daraus habe ich mitgenommen, dass der konstruktivistische Ansatz eine Optionserweiterung
bezüglich der wissenschaftlichen Fundierung und des methodischen Handelns in der Sozialarbeit bietet(Kleve, 2015, S. 495). Wird das Prinzip der Kontingenz berücksichtigt, wird eine
Erweiterung und Flexibilität von Denken und Handeln in der Sozialen Arbeit ermöglicht. Dies
lädt dazu ein seine Perspektive darauf zu richten, dass es im Hilfeprozess anders kommen
kann als vermutet und auch vorerst unerwartete Lösungen zum tragen kommen können
(Kleve, 2015, S. 505). Weiterhin ist Kleve der Ansicht, dass Soziale Arbeit eine eindeutige
Identität braucht und sich nicht mit einer offenen Identität zufriedenstellen soll. Auch dabei ist
der Einbezug des Konstruktivismus hilfreich, denn Grundannahmen und Prozesse der Sozialen Arbeit lassen sich so wissenschaftlich fundiert begründen. Beispielsweise lässt sich mit
dem Konstruktivismus begründen, dass Menschen und Systeme nicht zielgerichtet von anderen Menschen gesteuert werden können und der Fokus viel mehr auf die gegenseitige
Wechselwirkung der Systeme gelegt werden muss (Kleve, 2015, S. 500). Dies wiederum
würde Kontingenz der sozialarbeiterischen Abläufe erlauben und erfordern.

1.3 Veranstaltung vom 12.04.2018: „Hypothesen erfinden, Komplimente, Reframing"

Was habe ich gelernt?

In dieser Sitzung habe ich gelernt, dass Hypothesen nützlich sein können, solange diese die
Verhaltensweisen von Bündnispartner*innen positiv begründen Gut formulierte Hypothesen
sollen also ein nützliches Bild von Bündnispartner*innen schaffen. Da nach der systemischen
Annahme jede Verhaltensweise einen bestimmten Nutzen hat und auf Bedürfnisbefriedigung
abzielt. Das Aufdecken dieser Bedürfnisse ist Voraussetzung für eine gelungene Zusammenarbeit zwischen Berater*innen und Bündnispartner*innen. Negativ formulierte Hypothesen sind im Hilfeprozess unbrauchbar, da sie jegliches Änderungspotential der Bündnispartner*innen ausschließen, handlungsunfähig machen und Wachstum verhindern. Neu war
für mich auch die Perspektive, dass es in der Sozialen Arbeit überhaupt keinen Zwangskontext gibt, da Bündnispartner*innen immer die Möglichkeit haben selbst zu wählen. Beispielsweise entscheidet also ein straffällig gewordener Mensch selbst darüber ober in die Justiz-
vollzugsanstalt geht oder Bewährungshilfen annimmt. Durch die praktischen Übungen zu der
Reframing-Methode wurde mir klar, dass es darum geht seinem Gegenüber Deutungsalternativen anzubieten, welche auf eine Verbesserung der Situation abzielen und dazu einladen
sollen seine Situation aus einer ressourcenorientierten Perspektive zu betrachten. In dieser
Sitzung habe ich außerdem gelernt, dass ich die Wirklichkeit meines Gegenüber bedingt
verändern kann, indem ich mich selbst verändere. Wenn ich mein Gegenüber aus einer posi-

tiveren Sicht betrachte, kann es sein, dass mein Gegenüber sich in meiner Wirklichkeit positiv verändert, weil er sich dieser Sichtweise anpasst. Das heißt aber auch, dass man Bündnispartner*innen nicht zu einem „besseren Menschen" verändern kann, sondern immer nur sich selbst.

Wo kann ich es in meiner künftigen Praxis als Sozialarbeiterin mit welchem Gewinn anwenden?

Die oben beschriebenen Erkenntnisse können beispielsweise im Bewehrungskontext gewinnbringend zum tragen kommen. Durch positiv nützlich formulierte Hypothesen, welche überprüft werden und die Sichtweise, dass es keinen Zwangskontext gibt nehme ich eine professionelle Haltung ein. Wenn man hingegen davon ausgeht, dass Bündnispartner*innen nicht kooperieren wollen, wird es kein Vorangehen im Hilfeprozess geben. Widerstand bringt nicht weiter so eine negative Sichtweise birgt die Gefahr von selbsterfüllenden Prophezeiungen und erschwert Wirklichkeiten problemlösend zu verändern. In der Praxis als Sozialarbeiter*in kann es ebenfalls sinnvoll sein Deutungsalternativen anzubieten, wenn Bündnispartner*innen sich negativ übe sich oder ihre Situation äußern.

Wie habe ich mein (neues) Wissen vertieft?

Um diese Haltung tiefer zu festigen, setze ich mir zum Ziel die Methode „Komplimente machen" öfter bewusst in meinen Alltag zu integrieren. Anfangs habe ich nur mir nahestehenden Personen Komplimente gegeben. Durch dieses „Einüben" viel es mir später leichter auch fremden Personen kleinere Komplimente zu machen. Mit dieser Methode konnte ich sehr positive Erfahrungen sammeln. Sie brachte mich in eine positive Haltung und bereitete so meinem Gegenüber aber auch mir eine Freude. Ich kann mir vorstellen, dass diese Methode im beruflichen Kontext dann nützlich sein kann, wenn sich Bündnispartner*innen häufig über sich selbst negativ äußern. Trotzdem sollte der Berater die Äußerungen nicht nivellieren, sondern ernst nehmen.

Was habe ich über mich selbst Neues erfahren?

Ich habe bemerkt, dass es mir möglich ist selbst Menschen, zu denen ich keine Verbindung habe, Komplimente zu machen ohne dass sie -wie vorerst befürchtet- oberflächlich oder unecht sind. Dies ist mir gelungen, indem ich es mir bewusst als Ziel gesetzt habe, so war ich automatisch aufmerksamer und auf positives Verhalten fokussiert.

1.4 Veranstaltung vom 07.06.2018: „systemisches Fragen"

<u>Was habe ich gelernt?</u>

Aus dieser Sitzung habe ich mitgenommen, dass aktives Zuhören und eine zugewandte Haltung nicht nur einen Effekt auf mein Gegenüber hat, sondern auch auf mich. Dadurch bringe ich mich selbst in eine interessierte, aufmerksamere Haltung und werde neugierig auf das was mein Gegenüber mir erzählt indem ich mich damit mit meiner Körpersprache, Gestik und Mimik auch ihm gegenüber mehr öffne. Der systemische Hintergrund hiervon ist, dass ich selbst für meine Gefühle und Haltung verantwortlich bin und diese selbst verändern kann sodass sie nützlich sind. Mein Gegenüber dagegen ist nicht für meine Gefühle verantwortlich, also muss ich selbst aktiv werden um in eine positive Haltung zu kommen. Ich habe außerdem erfahren wie ich mit Hilfe der Wunderfrage selbst dann Ressourcen und Stärken sichtbar machen kann, wenn die Schilderungen sehr problembelastet und aussichtslos scheinen. Dies gelingt indem ich nach Ausnahmesituationen frage, also nach Situationen, in denen das Problem nicht besteht. Denn in diesen Ausnahmesituationen stecken meist Ressourcen, welche dann auf die belastende Situation übertragen werden können. Dabei ist es unwichtig, dass die gelingenden Situationen auf den ersten Blick nichts mit dem eigentlichen Problem zu tun haben. Wenn aber das was bereits gelingt in den noch nicht gelingenden Bereichen angewendet wird zeigt dies auch Auswirkungen auf das ganze System.

<u>Wo kann ich es in meiner künftigen Praxis als Sozialarbeiterin mit welchem Gewinn anwenden?</u>

Während meines Praktikums im zweiten Semester habe ich mit Menschen mit psychischen Erkrankungen zusammengearbeitet. Dabei ist es mir oft schwer gefallen Menschen mit Depressionen aus ihrer „Problemtrance" zu holen oder Ressourcen sichtbar zu machen. Dies wird mir in meiner späteren Praxis durch das Fragen nach Ausnahmesituationen wesentlich leichter fallen.

<u>Was habe ich über mich selbst Neues erfahren?</u>

Durch diese Veranstaltung ist mir aufgefallen, dass ich oft unbewusst systemische Fragen in meinem privaten Bereich stelle. Dabei handelt es sich beispielsweise oft um zirkuläre Fragen, indem ich frage was meine Gesprächspartner denken wie ihre Bezugspersonen zu bestimmten Situationen denken oder wie sie sich Verhalten anderer erklären könnten. Hypothetische Fragen stelle ich häufig, wenn ich mein Gegenüber erst kennenlerne, um zu erfahren welche Wünsche und Ziele er in seinem Leben verfolgt.

<u>Wie habe ich mein (neues) Wissen vertieft?</u>

Ich habe mein neues Wissen gewinnbringend vertieft, indem ich die Wunderfrage als Methode selbst angewendet, reflektiert und sie in den zweiten Teil dieser Arbeit eingebunden habe.

1.5 Veranstaltung vom 03.05.2018: „Kontextkarte, Auftragskarussell"

<u>Was habe ich gelernt?</u>

In dieser Veranstaltung habe ich gelernt welchen Einfluss der (äußere) Kontext darauf hat was im System passiert. Ich habe mitgenommen, dass sich menschliches Verhalten in einem bestimmten Kontext abspielt. Verhalten lässt sich je nach Perspektive und Kontext unterschiedlich beschreiben. Der systemischen Ansicht nach gibt es verschiedene mögliche Perspektiven, welche in die Betrachtung einbezogen werden sollen. Systemische Soziale Arbeit meint, dass Phänomene immer nur in ihrem Kontext und in Beziehung zu anderen Phänomenen nachvollziehbar werden können. Das heißt also, dass wir ohne einen Kontext des Phänomens dessen Bedeutungnicht verstehen können. Außerdem habe ich in dieser Sitzung die Kontextkarte kennengelernt. Eine Kontextkarte soll die Komplexität erhöhen, um die Situation der Bündnispartner*innen aus möglichst verschiedenen Perspektiven betrachten zu können. Dies soll dazu anregen mögliche Lösungen zu finden, um im nächsten Schritt die Komplexität wieder zu reduzieren indem nützliche Lösungen fokussiert werden.

<u>Wo kann ich es in meiner künftigen Praxis als Sozialarbeiterin mit welchem Gewinn anwenden?</u>

Die Erkenntnis darüber, dass Verhalten immer in Kontexten betrachtet werden muss, kann mir in meiner künftigen Praxis dabei helfen einen verstehenden Zugang zu Personen, welche schwerwiegende Taten wie sexuellen Missbrauch oder Gewalt begangen haben, zu bekommen. Das heißt nicht, dass ich die Taten für gutheißen werde. Jedoch wird mir diese Perspektive erleichtern den ganzen Menschen und nicht nur seine Tat zu sehen und so eine professionelle Haltung einzunehmen. Nur so wird auch ein Fortschritt in der Zusammenarbeit möglich sein. Weiterhin ist das Ergründen des Kontextes Voraussetzung um am System arbeiten zu können, welches das Problem aufrechterhält.

<u>Was hätte in der Sitzung ggf. anders laufen können, damit ich noch mehr hätte profitieren können?</u>

Die selbstständige Erstellung einer Kontextkarte in der Kleingruppe ist uns schwergefallen. Zum einen lag dies sicher an unserem unsicheren vorgehen, da wir vorher noch keine Erfahrungen mit der Erstellung so einer Karte gemacht haben und zum anderen daran, dass wir zu diesem Zeitpunkt nicht wussten worauf die Erstellung abzielen sollte. Folglich hatten wir zwar viele mögliche Perspektiven ausgearbeitet, aus denen der Beispielfall betrachtet werden kann (also eine erhöhte Komplexität), wussten jedoch nicht wie wir die Informationen anschließend gewinnbringend nutzen können. Hier wäre es hilfreich gewesen eine Kontextkarte anhand eines Beispielfalls vorerst gemeinsam im Plenum zu erstellen. So hätte die Erstellung bei aufkommenden Unsicherheiten moderiert werden können.

2. Wahlteil B - Methodenreflexion

2.1 Vorstellung der Methode, idealtypischer Ablauf; Variationsmöglichkeiten und Abgrenzung zu verwandten Methoden

Für den zweiten Teil des Prüfungsportfolios habe ich mich dafür entschieden eine Variante der Wunderfrage anzuwenden, diese anschließend zu dokumentieren und zu reflektieren. Diese zukunftsorientierte Technik wurde von de Shazer und Berg entwickelt. Die Wunderfrage als eine systemische Frage eignet sich besonders gut um hypothetische Lösungen zu entwickeln. Die Befragten bekommen Gelegenheit, sich von ihrem Problem zu distanzieren,um so lösungsorientierte alternative Möglichkeiten entwerfen zu können (Bamberger, 2015, S.118).Die Wunderfrage gilt als Sonderfall einer hypothetischen Frage,mit deren Hilfe ein mögliches Problem wie durch ein Wunder verschwunden ist.

Der klassische Wortlaut dieser Frage lautet sinngemäß: Was wäre, wenn ein Wunder geschehen und das Problem gelöst wäre? (Von Schlippe & Schweitzer, 2010, S. 50) Gelingt es dem systemischen Berater die Phantasie seines Bündnispartners soweit anzuregen, dass er sich ein „Leben ohne Problem" vorstellen kann, wird sichtbar wie die Alternative zur problembelasteten „Realität" sein könnte. Idealerweise beschreibt der Bündnispartner nun also einen erwünschten Zustand. Daran anknüpfend geht es darum diese imaginäre Zukunft zu konkretisieren (Schwing &Fryszer, 2006, S. 230). Hierfür kann der Berater bspw. unterstützende Fragen zur Konkretisierung von genannten Verhaltensweisen oder Gefühlen stellen oder auch die Folgen dieser erfragen. Die detaillierte Exploration kann den Bündnispartner zuversichtlich stimmen sein Problem tatsächlich bewerkstelligen zu können. Wenn Bündnispartner erst einmal alternative Verhaltensweisen sehen, sind sie eher dazu bereit etwas an ihrer jetzigen Situation zu verändern. Damit sind erste Schritte zur Lösung getan (Bamberger, 2015, S. 120).

Für die Wunderfrage gibt es ganz verschiedene Variationsmöglichkeiten und Formulierungen, die es an Klient und dessen Anliegen gilt anzupassen. Ich habe mich bei meiner Durchführung für folgende Variante entschieden:

> *"Stellen Sie sich vor, Sie wären ein Schriftsteller, und der Roman, an dem Sie gerade arbeiten, beschreibt Ihr bisheriges Leben. Im nächsten Kapitel geht es darum, wie sich alles zum Guten wendet. Ich möchte Sie einladen, Ihrer Phantasie für das übernächste Kapitel freien Lauf zu lassen, indem Sie berichten, was nun Neues in Ihrem Leben geschieht."* (Bamberger, 2015, S. 119)

Eine weitere Formulierungsvariante der Wunderfragekönnte lauten:

> *"Angenommen, wir hätten unsere Gespräche erfolgreich beendet. Und nun, einige Monate später, rufen Sie mich an und erzählen, dass sich inzwischen vieles positiv entwickelt hat.*

Was für Unterschiede gäbe es zwischen Ihrem Verhalten dann und Ihrem Verhalten, wie es jetzt ist?"(Bamberger, 2015, S.119)

2.2 Theoretischer Hintergrund der Methode; was daran ist ‚systemisch'

Die Wunderfrage ist eine Methode aus der lösungsorientierten Kurztherapie und wurde von Steve de Shazer und seiner Frau Kim Bergin den Siebzigern entwickelt. Wichtigstes Kennzeichen der lösungsorientierten Kurztherapie ist die Hinwendung zur Lösung. Shazer geht davon aus, dass es hilfreicher ist sich auf Ressourcen, Wünsche, Zielerreichung und Lösungen zu konzentrieren, statt auf die Ursachen von Problemen (Bamberger, 2015, S. 39). Geburtsstunde der Wunderfrage war als eine Klientin in einer Beratungsstunde während der Problemschilderung verzweifelt äußerte, dass ihr nur noch ein Wunder helfen könne. Der Berater reagierte damals spontan auf diese Aussage mit der uns heute bekannten Wunderfrage (Bamberger, 2016, S. 120).

Eine weitere Grundlage der Lösungsorientierten Kurzzeittherapie ist der Fokus auf die zwischenmenschliche Interaktion und Kommunikation verschiedener. Dabei werden beobachtbare Handlungen jedes Einzelnen berücksichtigt und hinterfragt. Der Zweck der Handlungen innerhalb des Systems wird ergründet, es wird dialogisch ausgearbeitet wofür diese gut sind. Beziehungsmuster werden erkundet, wenn man nach der eigentlichen Wunderfrage tiefer bspw. durch zirkuläre Fragestellungen weiterfragt (Bamberger, 2015, S. 121). Mögliche Fragen hierfür sind: „Wem würde auffallen, dass ein Wunder geschehen ist?" und „Woran würde dieser merken, dass ein Wunder geschehen ist?" Dadurch wird der Klient eingeladen seine Perspektive zu wechseln, indem er seine Situation aus der Sicht seiner Bezugspersonen betrachtet. So rücken die wechselseitigen systemischen Bedingungen in sein Bewusstsein, gleichzeitig können bereits vorhandene Ressourcen sichtbar werden.

Die ermittelten Ressourcen sollen anschließend dafür genutzt werden alternative Lösungsmöglichkeiten zu erschaffen, indem sie auf noch nicht gelingende Situationen übertragen werden.

2.3 Beschreibung des Kontextes, der eigenen Vorbereitung, der Auswahl der Bündnispartner*in und der Durchführung

Da es zum Zeitpunkt der Durchführung dieser Methode kein sichtbares Problem gab, habe ich die oben genannte Variante der Wunderfrage gestellt um zu Beginn das Anliegen meiner „Bündnispartnerin" zu klären. In Vorgesprächen erzählte sie immer wieder, dass sie sich momentan unzufrieden fühlt aber nicht genau weiß woran das liegt oder was sie dagegen machen könnte.

Bei der Auswahl meiner Bündnispartnerin habe ich mich für eine Kommilitonin entschieden, mit der bereits eine vertrauensvolle Beziehung besteht. Meine Entscheidung fiel auf sie, weil ich ein möglichst angenehmes und offenes Gespräch, trotz der teilweise „künstlich erzeugten" Situation - u.a. durch das Aufnahmegerät - schaffen wollte.

Zur Vorbereitung beschäftigte ich mich vorerst mit Literatur zu systemischen und lösungsorientierten Interventionen. Ich überlegte mit welcher Methode ich Zugang zu Ressourcen meiner Kommilitonin erhalte. Schließlich entschied ich mich für die Wunderfrage, da ich diese zuvor noch nie angewendet habe. Für die bereits genannte Variante habe ich mich entschieden, weil ich bereits wusste, dass meine Bündnispartnerin sehr gerne Bücher liest und auch gute eigene Texte verfasst.

Ich habe meine Bündnispartnerin darum gebeten sich vorzustellen, sie wäre eine Schriftstellerin, die gerade an einem Roman über ihr eigenes Leben schreibt. Anschließend lud ich sie ein darüber zu phantasieren wie das nächste Kapitel, in dem sich alles zum Guten gewendet hat, aussehen würde. Daraufhin erzählte sie mir wie ihr Alltag nach ihren Wünschen aussehen würde und welche Dinge sie glücklich machen würden. Dabei nannte sie u.a. mehr Abwechslung bei Unternehmungen mit Freunden, die Verbesserung ihrer musikalischen Fähigkeiten und einen spannenderen Hochschulalltag mit Zuwachs von neuem Wissen dann wäre sie besser gelaunt. Ich versuchte dieses positive Gefühl aufzugreifen indem ich nachfragte was konkret anders wäre, wenn sie zufriedener ist um ihre Fantasien erlebbarer zu machen. Im weiteren Verlauf bemühte ich mich durch nachfragen ihre Wünsche mit Verhaltensweisen und Bezugspersonen zu verknüpfen um diese greifbarer zu machen. Ich fragte sie beispielsweise wie sie sich anders verhalten würde, wenn der gewünschte Zustand da ist und welche Auswirkungen dies für Bezugspersonen haben würde. (Transkript wichtiger Textpassagen im Anhang)

2.4 Reflexion dessen, was gut gelaufen ist; wie ist mir dies gelungen?

Rückblickend bin ich zufrieden mit meiner Wahl dieser bestimmten Variante der Wunderfrage. Ich bemerkte, dass mein Gegenüber motiviert war sich wirklich mit ihren Gedanken auseinanderzusetzen, zu fantasieren und mich daran teilhaben zu lassen. Dadurch hatten wir beide das Gefühl, dass es um sie und ihre Anliegen geht; nicht nur um das Erledigen einer Pflichtaufgabe. Vor Beginn habe ich ihr erklärt, dass ich mir Gedanken gemacht habe welche Methode sinnvoll sein und ihr gefallen könnte, um Wertschätzung und Interesse an ihrer Person entgegenzubringen. Ich habe ihr erzählt, dass ich versucht habe eine für sie passende Methode zu wählen indem ich sie mit ihren Hobbys und Interessen verbunden habe. Gelungen ist mir dies durch den vorherigen Beziehungsaufbau. Ich wusste durch unsere Gespräche was sie gerne hat und was nicht, so konnte ich die Wunderfrage individuell anpassen.

Ebenfalls gut gelungen ist mir die Konkretisierung von ungreifbaren bzw. pauschalen Aussagen durch nachfragen. Als sie sagte, dass ihr Leben dann sinnvoller wäre fragte ich sie welche Konsequenzen ein sinnvolles Leben auf ihr Verhalten hätte, woran sie dies merken würde. Dadurch sollte der positive Wunschzustand erlebbar bzw. realistischer für sie werden. So werden die für sie wünschenswerten Verhaltensweisen sichtbar, welche in Vorgesprächen nicht von ihr benannt werden konnten. In unserem Fall wurde deutlich, dass sie gerne selbstbewusster wäre, weil es ihr dann leichter Fallen würde neue Freundschaften zu knüpfen; sie sich selbst mehr zutrauen würde und dadurch eher bereit wäre ihre musikalischen Fähigkeiten auszubauen.

2.5 Reflexion dessen, was beim nächsten Mal wie anders noch besser gehen könnte; was ich ggf. anderen raten würde, die auch mit dieser Methode arbeiten wollen

Wenn wir unser Gespräch noch weitergeführt hätten, würde ich gerne versuchen Situationen aus dem Leben meiner Kommilitonin sichtbar zu machen, in denen sie bereits selbstbewusst ist. In diesen Situationen stecken meist die Ressourcen. Allein dieses ins Bewusstseinrufen kann dabei helfen sich etwas selbstbewusster zu fühlen. Ich würde dann versuchen durch Erfragen nach Details aufzudecken, warum und unter welchen Bedingungen dies bereits funktioniert. Daran könnte beispielsweise in einem echten Hilfeprozess angeknüpft werden, indem man gemeinsam aushandelt wie die Bedingungen, unter denen es gut klappt noch ausgeweitet werden könnten, wie sie die nicht förderlichen Bedingungen eventuell ersetzen könnten bzw. auf andere Situationen übertragen werden können.

In unserm Fall hat die gewählte Methode gut gepasst, weil mein Gegenüber gerne kreativ ist und bereit ist zu fantasieren. Bei sogenannten „Kopfmenschen" würde ich - wenn überhaupt - den klassischen Wortlaut der Wunderfrage nehmen: „Was wäre, wenn ein Wunder geschehen und das Problem gelöst wäre?". Möglich wäre auch das Wort „Wunder" durch „Projekt" zu ersetzen. Bei zu exotischen Fragen und Imaginationen, welche Feen und Fabelwesen enthalten, läuft der Berater Gefahr nicht ernstgenommen zu werden. Dies würde es erschweren eine offene vertraute Kommunikation zu schaffen. Deshalb ist es besonders wichtig Die Wahl der Methoden individuell anzupassen.

Anderen, die auch mit der Wunderfrage arbeiten möchten, würde ich raten die Aussagen des Klienten mit kleinen „Hausaufgaben" zu verbinden. Es ist hilfreich, wenn man im Dialog konkrete Alltagssituationen des Klienten herausarbeiten kann, in denen die Umsetzung ausprobiert werden kann. So wird die Chance erhöht, dass nicht nur über Wünsche geredet wird, sondern auch aktiv gehandelt wird.

2.6 Fazit zur Methode und den eigenen Lernerfahrungen

Ich war positiv überrascht als wir bei der Durchführung bereits nach wenigen Minuten darauf kamen, dass möglicherweise ein selbstbewussteres Auftreten meiner Kommilitonin die Lösung zur Bedürfniserfüllung bzw. zur Erreichung ihres Wunschzustandes sein kann. Besonders weil sie im Voraus oft erzählte, dass sie nicht weiß wieso sie momentan unzufrieden ist und wie sie dies ändern kann. Durch die eigene Durchführung der Wunderfrage erweist sich mir diese als einfach umsetzbare aber effektive Methode. Sie lässt sich sehr gut in den Arbeitsalltag der Sozialen Arbeit einbinden. Egal ob es darum geht die wahren Bedürfnisse des Klienten aufzudecken oder ihn aus einem Ohnmachtsgefühl der Hilflosigkeit, welcher ihn handlungsunfähig macht, heraus zu begleiten. Ich kann mir sehr gut vorstellen, dass die Wunderfrage dem Klienten dabei helfen kann Klarheit über seine Ziele zu bekommen und diese zu formulieren. Ich halte diese Methode für effektiv, weil sie das Gegenüber weg vom problemhaften Denken zur Lösungsorientierung führt; sie berücksichtigt, dass Klienten bereits Ressourcen mitbringen und gibt ihnen so die nötige Lösungsenergie.

Für das Gelingen der Methode muss der Berater sie natürlich individuell an den Klienten anpassen. Dies ist durch die Bandbreite an unzähligen Varianten problemlos möglich. Wer diese Methode durchführt muss sich darüber im Klaren sein, dass die Wunderfrage alleine nicht ausreicht, sondern erst durch vertieftes Nachfragen Lösungen kreiert werden.

Die Wunderfrage kann dem Bündnispartner dabei helfen eine neue Wirklichkeit zu konstruieren. Indem er sich von dem problembehafteten Blick distanziert werden ganz neue Möglichkeiten sichtbar.

Literaturverzeichnis

Bamberger, Günter G. (2015): Lösungsorientierte Beratung, 5.,überarb. Aufl., Weinheim: Beltz.

Kleve, Heiko (2015): Vom Erweitern der Möglichkeiten. Der Konstruktivismus in der Sozialen Arbeit. In: Pörksen, Bernhard (Hrsg.): Schlüsselwerke des Konstruktivismus, 2. Aufl., Wiesbaden: Springer VS, 495-505

Schlippe, Arist von; Schweitzer Jochen (2010): Systemische Interventionen, 2., Aufl., Göttingen: Vandenhoeck & Ruprecht.

Schwing, Rainer; Fryszer Andreas (2006): Systemisches Handwek. Werkzeug für die Praxis, Göttingen: Vandenhoeck & Ruprecht

Anhang

<u>Transkript relevanter Textpassagen</u>

....

Bündnispartnerin: Es würde morgens mit dem Aufwachen anfangen, dass ich da schon voll gut drauf bin und mich auf den Tag freue. Ich würde aufstehen und zur Hochschule fahren und es würde mir dann mehr Spaß machen als es mir jetzt macht. Eigentlich finde ich das Studium toll aber jetzt gerade im Moment ist ein bisschen langweilig und es wäre schön, wenn es mir wieder ein bisschen mehr Spaß machen würde.

Dann hätte ich noch viel Freizeit, die ich sinnvoll füllen würde. Ich denke ich würde einfach gern wieder was Kreatives machen wie z.b. weiter meine Keyboard-Skills zu verbessern oder anfangen Gitarre spielen zu lernen oder mal wieder schreiben, was ich auch lange nicht mehr gemacht habe.

Ich hätte total viele unterschiedliche Freunde, mit denen ich dann immer sehr abwechslungs-reiche Sachen unternehme, vielleicht auch mal was Ausgefalleneres wie spontan mal weg-zufahren – egal wohin

....

Marina: Und was wäre dann anders, wenn du zufriedener bist? Wenn die Hochschule wie-der Spaßmacht, wenn du deinen Interessen nachgehst und wenn du viele Freunde hast, mit denen du Dinge unternimmst, die dir Spaß machen?

Bündnispartnerin: mmh Ich glaub dann würde ich mich selbst und auch das Leben als sinnvoll empfinden und nicht wie eine Art Verschwendung, dass eigentlich nichts Besonde-res passiert und es wäre dann wieder aufregend und sinnvoll, weil ich dann auch was Neues lerne

Marina: ok [..] und wenn du dein Leben dann als sinnvoll empfindest, was hätte das für Kon-sequenzen für dein Verhalten? Also Wie würdest du dich dann anders verhalten als jetzt?

Bündnispartnerin: Ich bin dann glaub ich dadurch, dass ich dann offener bin bestimmt auch selbstbewusster und würde dann besser auf neue Menschen zugehen oder mich mehr moti-vieren können Keyboard zu spielen, weil ich jetzt denken würde: Dass wird sowieso wieder nix. Und dann wäre ich vielleicht ein bisschen zuversichtlicher und würde mich mehr trauen neue Sachen auszuprobieren.

....

Marina: Gibt es denn jemand in deinem Umfeld, der merken würde, wenn du dir mehr zutraust und selbstbewusster bist?

Bündnispartnerin: mmh Ich glaub XY würde das bestimmt auffallen. Ja

Marina: und woran würde XY das dann merken?

Bündnispartnerin:äähm [...] ich glaube daran, dass ich dann mehr mit anderen Menschen machen würde und weniger mit ihm.

Marina: Ok und was ändert sich dann für dich, wenn du weniger mit XY machen würdest?

Bündnispartnerin: Ich glaub das wäre eigentlich ganz gut, weil .....

....